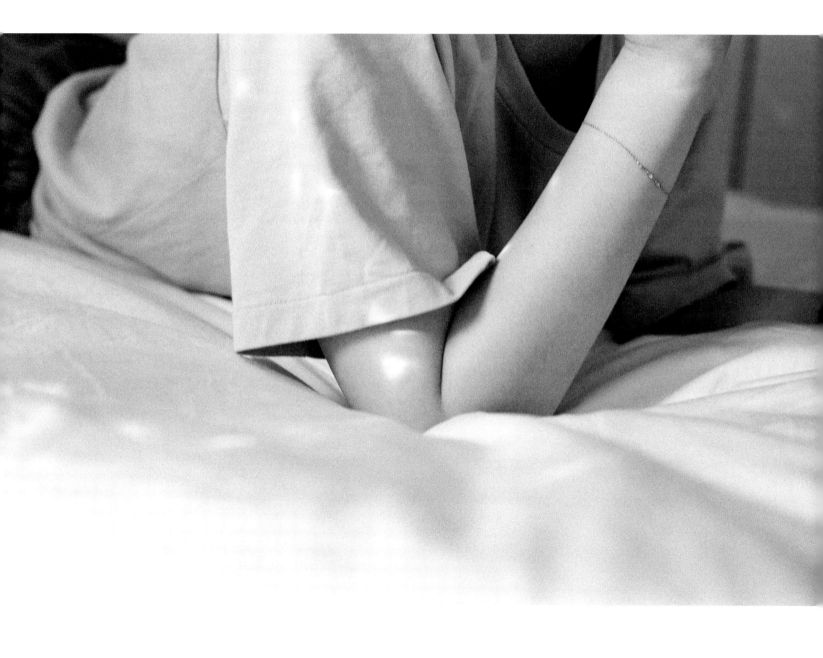

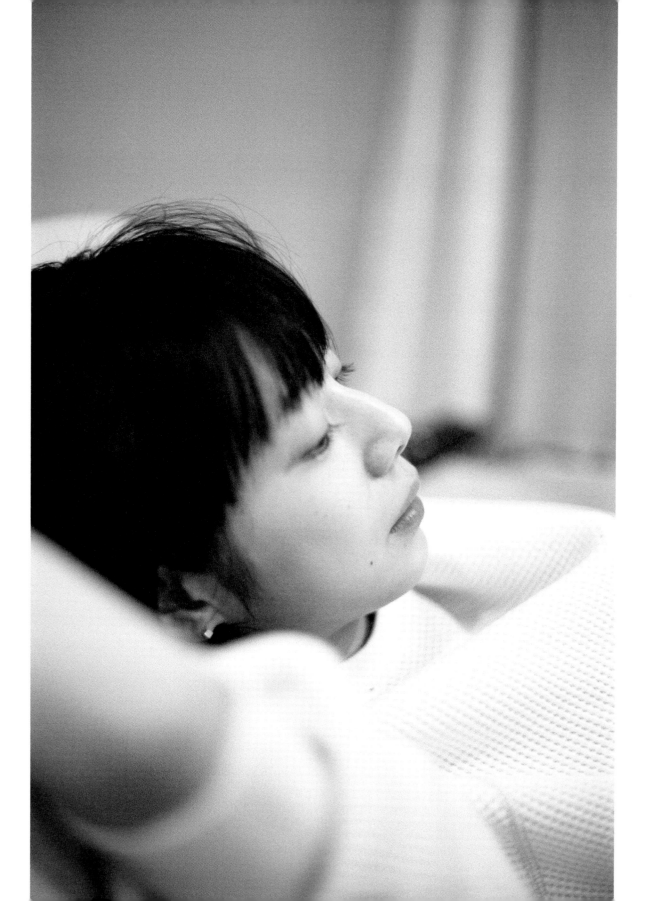

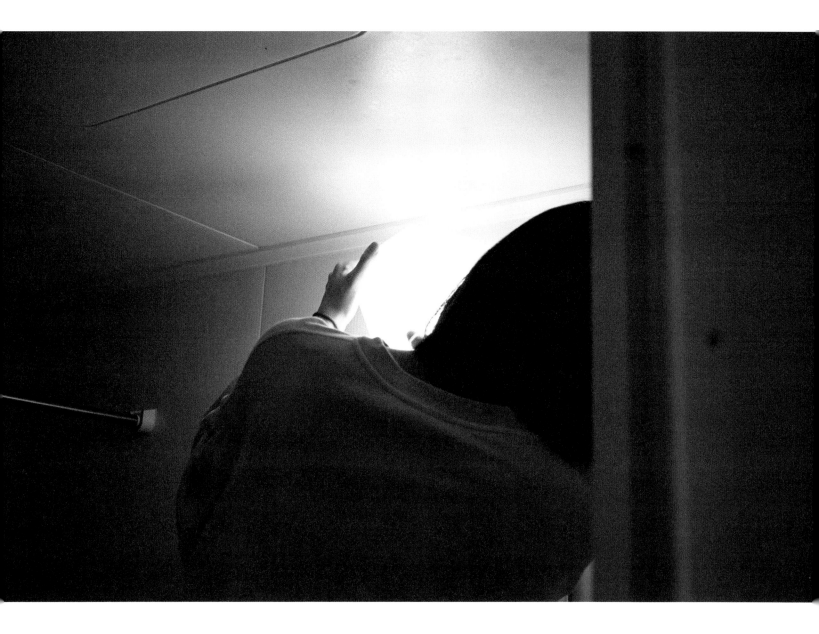

撮影｜石田真澄
デザイン｜佐々木暁
編集｜上田智子

スタイリング｜清水奈緒美（P12-19, P24-25, P35, P37, P51-56, P60-62, P67,
　P69-71, P73, P78, P80, P84-85, P100-101）／山本マナ（P77）
ヘアメイク｜廣瀬瑠美（P24-25, P40-41, P51-56, P60-63, P67, P77）／
　足立真利子（P12-15, P35, P37, P78, P80, P84-85）

プリンティングディレクター｜富岡隆（トッパングラフィックコミュニケーションズ）

エグゼクティブプロデューサー｜藤下良司（スターダストプロモーション）
スーパーバイザー｜田口竜一（スターダストプロモーション）
チーフマネージメント｜岩淵利子（スターダストプロモーション）
マネージメント｜高橋春菜（スターダストプロモーション）

営業｜川崎寛／武知秀典（SDP）
宣伝｜飯田敏子（SDP）
制作進行｜鈴木佐和（SDP）

撮影協力｜北海道「写真の町」東川町
協力｜株式会社ナショナル・フォート

夏帆写真集
おとととい

発行｜2022年4月9日　初版　第1刷発行
　　　2023年7月6日　　　　第2刷発行

発行者｜細野義朗
発行所｜株式会社SDP
　　　　〒150-0022　東京都渋谷区恵比寿南1-9-6
　　　　TEL 03-5724-3975（第2編集部）
　　　　TEL 03-5724-3963（出版営業ユニット）
　　　　http://www.stardustpictures.co.jp
印刷製本｜凸版印刷株式会社

ISBN978-4-910528-11-3
©2022 SDP　Printed in Japan